100 WORST MOVIES OF ALL TIME

MOVIE CHALLENGE JOURNAL

Table of Contents

Can't Stop the Music 5
Cruising 6
Mommie Dearest 7
The Legend of the Lone Ranger 8
Inchon 9
Megaforce 10
The Lonely Lady 11
Jaws 3-D 12
Bolero 13
Cannonball Run II 14
Rambo: First Blood Part II 15
Revolution 16
Rocky IV 17
Howard the Duck 18
Under the Cherry Moon 19
Cobra 20
Leonard Part 6 21
Jaws: The Revenge 22
Cocktail 23
Star Trek V: The Final Frontier 24
The Adventures of Ford Fairlane 25
Ghosts Can't Do It 26
Hudson Hawk 27
Shining Through 28
Indecent Proposal 29
Color of Night 30
Showgirls 31
Striptease 32
Barb Wire 33
The Postman 34
Anaconda 35
An Alan Smithee Film: Burn Hollywood Burn 36
Wild Wild West 37
Battlefield Earth 38
Freddy Got Fingered 39
Swept Away 40
Crossroads 41
Gigli 42
The Cat in the Hat 43
From Justin to Kelly 44
Catwoman 45
Surviving Christmas 46
White Chicks 47
Dirty Love 48
The Dukes of Hazzard 49
House of Wax 50
Basic Instinct 2 51
Lady in the Water 52
BloodRayne 53
I Know Who Killed Me 54
Bratz 55
Daddy Day Camp 56
I Now Pronounce You Chuck & Larry 57

Title	Page
The Love Guru	58
The Hottie and the Nottie	59
In the Name of the King	60
Transformers: Revenge of the Fallen	61
Old Dogs	62
All About Steve	63
The Last Airbender	64
Sex and the City 2	65
Vampires Suck	66
Jack and Jill	67
Bucky Larson: Born to Be a Star	68
New Year's Eve	69
The Twilight Saga: Breaking Dawn – Part 2	70
A Thousand Words	71
That's My Boy	72
Battleship	73
After Earth	74
Grown Ups 2	75
The Lone Ranger	76
A Madea Christmas	77
Saving Christmas	78
Left Behind	79
Teenage Mutant Ninja Turtles	80
The Legend of Hercules	81
Fantastic Four	82
Fifty Shades of Grey	83
Paul Blart: Mall Cop 2	84
Jupiter Ascending	85
Hillary's America: The Secret History of the Democratic Party	86
Dirty Grandpa	87
Gods of Egypt	88
Zoolander 2	89
The Emoji Movie	90
Baywatch	91
The Mummy	92
Holmes & Watson	93
Gotti	94
The Happytime Murders	95
Winchester	96
Cats	97
The Fanatic	98
A Madea Family Funeral	99
Rambo: Last Blood	100
Absolute Proof	101
Dolittle	102
Fantasy Island	103
Music	104

„Can't Stop the Music"

Director: **Nancy Walker**

Starring: **Village People, Valerie Perrine, Caitlyn Jenner**

Country: **USA**

Release date: **1980**

My rate: ☆ ☆ ☆ ☆ ☆

My review:

„Cruising"

Director: William Friedkin

Starring: Al Pacino, Paul Sorvino, Karen Allen

Country: USA

Release date: 1980

My rate: ☆☆☆☆☆

My review:

„Mommie Dearest"

Director: **Frank Perry**

Starring: **Faye Dunaway, Diana Scarwid, Mara Hobel**

Country: **USA**

Release date: **1981**

My rate: ☆☆☆☆☆

My review:

„The Legend of the Lone Ranger"

Director: **William A. Fraker**

Starring: **Klinton Spilsbury, Michael Horse, Christopher Lloyd**

Country: **USA**

Release date: **1981**

My rate: ☆☆☆☆☆

My review:

„Inchon"

Director: Terence Young

Starring: Laurence Olivier, Jacqueline Bisset, Ben Gazzara

Country: South Korea/ USA

Release date: 1981

My rate: ☆☆☆☆☆

My review:

„Megaforce"

Director: **Hal Needham**

Starring: **Barry Bostwick, Michael Beck, Persis Khambatta**

Country: **USA/ Hong Kong**

Release date: **1982**

My rate: ☆☆☆☆☆

My review:

„The Lonely Lady"

Director: **Peter Sasdy**

Starring: **Pia Zadora, Lloyd Bochner, Bibi Besch**

Country: **USA**

Release date: **1983**

My rate: ☆☆☆☆☆

My review:

„Jaws 3-D"

Director: **Joe Alves**

Starring: **Dennis Quaid, Bess Armstrong, Simon MacCorkindale**

Country: **USA**

Release date: **1983**

My rate: ☆☆☆☆☆

My review:

„Bolero"

Director: **John Derek**

Starring: **Bo Derek, George Kennedy, Andrea Occhipinti**

Country: **USA**

Release date: **1984**

My rate: ☆☆☆☆☆

My review:

„Cannonball Run II"

Director: **Hal Needham**

Starring: **Burt Reynolds, Dom DeLuise, Dean Martin**

Country: **USA/ Hong Kong**

Release date: **1984**

My rate: ☆☆☆☆☆

My review:

„Rambo: First Blood Part II"

Director: George P. Cosmatos

Starring: Sylvester Stallone, Richard Crenna, Charles Napier

Country: USA

Release date: 1985

My rate: ☆☆☆☆☆

My review:

„Revolution"

Director: **Hugh Hudson**

Starring: **Al Pacino, Donald Sutherland, Nastassja Kinski**

Country: **United Kingdom**

Release date: **1985**

My rate: ☆ ☆ ☆ ☆ ☆

My review:

"Rocky IV"

Director: **Sylvester Stallone**

Starring: **Sylvester Stallone, Talia Shire, Burt Young**

Country: **USA**

Release date: **1985**

My rate: ☆ ☆ ☆ ☆ ☆

My review:

_____
_____
_____
_____
_____
_____
_____
_____
_____
_____
_____
_____
_____
_____
_____
_____

„Howard the Duck"

Director: **Willard Huyck**

Starring: **Lea Thompson, Jeffrey Jones, Tim Robbins**

Country: **USA**

Release date: **1986**

My rate: ☆☆☆☆☆

My review:

„Under the Cherry Moon"

Director: **Prince**

Starring: **Prince, Jerome Benton, Steven Berkoff**

Country: **USA**

Release date: **1986**

My rate: ☆☆☆☆☆

My review:

„Cobra"

Director: **George P. Cosmatos**

Starring: **Sylvester Stallone, Brigitte Nielsen, Reni Santoni**

Country: **USA**

Release date: **1986**

My rate: ☆ ☆ ☆ ☆ ☆

My review:

„Leonard Part 6"

Director: **Paul Weiland**

Starring: **Bill Cosby, Tom Courtenay, Joe Don Baker**

Country: **USA**

Release date: **1987**

My rate: ☆☆☆☆☆

My review:

„Jaws: The Revenge"

Director: Joseph Sargent

Starring: Lorraine Gary, Lance Guest, Mario Van Peebles

Country: USA

Release date: 1987

My rate: ☆☆☆☆☆

My review:

„Cocktail"

Director: **Roger Donaldson**

Starring: **Tom Cruise, Bryan Brown, Elisabeth Shue**

Country: **USA**

Release date: **1988**

My rate: ☆☆☆☆☆

My review:

„Star Trek V: The Final Frontier"

Director: William Shatner

Starring: William Shatner, Leonard Nimoy, DeForest Kelley

Country: USA

Release date: 1989

My rate: ☆ ☆ ☆ ☆ ☆

My review:

„The Adventures of Ford Fairlane"

Director: **Renny Harlin**

Starring: **Andrew Dice Clay, Wayne Newton, Priscilla Presley**

Country: **USA**

Release date: **1990**

My rate: ☆☆☆☆☆

My review:

„Ghosts Can't Do It"

Director: John Derek

Starring: Bo Derek, Anthony Quinn

Country: USA

Release date: 1990

My rate: ☆ ☆ ☆ ☆ ☆

My review:

„Hudson Hawk"

Director: **Michael Lehmann**

Starring: **Bruce Willis, Danny Aiello, Andie MacDowell**

Country: **USA**

Release date: **1991**

My rate: ☆☆☆☆☆

My review:

„Shining Through"

Director: **David Seltzer**

Starring: **Michael Douglas, Melanie Griffith, Liam Neeson**

Country: **United Kingdom/ USA**

Release date: **1992**

My rate: ☆☆☆☆☆

My review:

„Indecent Proposal"

Director: **Adrian Lyne**

Starring: **Robert Redford, Demi Moore, Woody Harrelson**

Country: **USA**

Release date: **1993**

My rate: ☆ ☆ ☆ ☆ ☆

My review:

„Color of Night"

Director: **Richard Rush**

Starring: **Bruce Willis, Jane March, Ruben Blades**

Country: **USA**

Release date: **1994**

My rate: ☆ ☆ ☆ ☆ ☆

My review:

„*Showgirls*"

Director: **Paul Verhoeven**

Starring: **Elizabeth Berkley, Kyle MacLachlan, Gina Gershon**

Country: **USA/ France**

Release date: **1995**

My rate: ☆☆☆☆☆

My review:

„Striptease"

Director: **Andrew Bergman**

Starring: **Demi Moore, Armand Assante, Ving Rhames**

Country: **USA**

Release date: **1996**

My rate: ☆ ☆ ☆ ☆ ☆

My review:

„Barb Wire"

Director: **David Hogan**

Starring: **Pamela Anderson, Temuera Morrison, Victoria Rowell**

Country: **USA**

Release date: **1996**

My rate: ☆☆☆☆☆

My review:

„The Postman"

Director: **Kevin Costner**

Starring: **Kevin Costner, Will Patton, Larenz Tate**

Country: **USA**

Release date: **1997**

My rate: ☆☆☆☆☆

My review:

„Anaconda"

Director: **Luis Llosa**

Starring: **Jennifer Lopez, Ice Cube, Jon Voight**

Country: **USA**

Release date: **1997**

My rate: ☆☆☆☆☆

My review:

„An Alan Smithee Film: Burn Hollywood Burn"

Director: Arthur Hiller

Starring: Ryan O'Neal, Coolio, Chuck D

Country: USA

Release date: 1998

My rate: ☆☆☆☆☆

My review:

„Wild Wild West"

Director: **Barry Sonnenfeld**

Starring: **Will Smith, Kevin Kline, Kenneth Branagh**

Country: **USA**

Release date: **1999**

My rate: ☆☆☆☆☆

My review:

„Battlefield Earth"

Director: **Roger Christian**

Starring: **John Travolta, Barry Pepper, Forest Whitaker**

Country: **USA**

Release date: **2000**

My rate: ☆ ☆ ☆ ☆ ☆

My review:

„Freddy Got Fingered"

Director: **Tom Green**

Starring: **Tom Green, Rip Torn, Marisa Coughlan**

Country: **USA**

Release date: **2001**

My rate: ★☆☆☆☆

My review:

„Swept Away"

Director: Guy Ritchie

Starring: Madonna, Adriano Giannini, Bruce Greenwood

Country: USA/ United Kingdom/ Italy

Release date: 2002

My rate: ☆☆☆☆☆

My review:

„Crossroads"

Director: **Tamra Davis**

Starring: **Britney Spears, Anson Mount, Zoe Saldana**

Country: **USA**

Release date: **2002**

My rate: ☆☆☆☆☆

My review:

„Gigli"

Director: **Martin Brest**

Starring: **Ben Affleck, Jennifer Lopez, Justin Bartha**

Country: **USA**

Release date: **2003**

My rate: ☆☆☆☆☆

My review:

„The Cat in the Hat"

Director: **Bo Welch**

Starring: **Mike Myers, Alec Baldwin, Kelly Preston**

Country: **USA**

Release date: **2003**

My rate: ☆☆☆☆☆

My review:

„From Justin to Kelly"

Director: **Robert Iscove**

Starring: **Kelly Clarkson, Justin Guarini**

Country: **USA**

Release date: **2003**

My rate: ☆ ☆ ☆ ☆ ☆

My review:

„Catwoman"

Director: **Pitof**

Starring: **Halle Berry, Benjamin Bratt, Lambert Wilson**

Country: **USA**

Release date: **2004**

My rate: ☆☆☆☆☆

My review:

„Surviving Christmas"

Director: **Mike Mitchell**

Starring: **Ben Affleck, James Gandolfini, Christina Applegate**

Country: **USA**

Release date: **2004**

My rate: ☆☆☆☆☆

My review:

„White Chicks"

Director: **Keenen Ivory Wayans**

Starring: **Shawn Wayans, Marlon Wayans, Jaime King**

Country: **USA**

Release date: **2004**

My rate: ☆☆☆☆☆

My review:

„Dirty Love"

Director: John Mallory Asher

Starring: Jenny McCarthy, Eddie Kaye Thomas, Carmen Electra

Country: USA

Release date: 2005

My rate: ☆☆☆☆☆

My review:

„The Dukes of Hazzard"

Director: Jay Chandrasekhar

Starring: Johnny Knoxville, Seann William Scott, Jessica Simpson

Country: USA

Release date: 2005

My rate: ☆☆☆☆☆

My review:

„House of Wax"

Director: Jaume Collet-Serra

Starring: Elisha Cuthbert, Chad Michael Murray, Brian Van Holt

Country: USA/ Australia

Release date: 2005

My rate: ☆☆☆☆☆

My review:

„Basic Instinct 2"

Director: **Michael Caton-Jones**

Starring: **Sharon Stone, David Morrissey, Charlotte Rampling**

Country: **Germany/ Spain/ United Kingdom/ USA**

Release date: **2006**

My rate: ☆☆☆☆☆

My review:

„Lady in the Water"

Director: M. Night Shyamalan

Starring: Paul Giamatti, Bryce Dallas Howard, Bob Balaban

Country: USA

Release date: 2006

My rate: ☆☆☆☆☆

My review:

„BloodRayne"

Director: **Uwe Boll**

Starring: **Kristanna Loken, Michael Madsen, Matthew Davis**

Country: **Germany/ USA**

Release date: **2006**

My rate: ☆☆☆☆☆

My review:

„I Know Who Killed Me"

Director: **Chris Sivertson**

Starring: **Lindsay Lohan, Julia Ormond, Neal McDonough**

Country: **USA**

Release date: **2007**

My rate: ☆☆☆☆☆

My review:

„Bratz"

Director: **Sean McNamara**

Starring: **Nathalia Ramos, Janel Parrish, Skyler Shaye**

Country: **USA**

Release date: **2007**

My rate: ★☆☆☆☆

My review:

„Daddy Day Camp"

Director: **Fred Savage**

Starring: **Cuba Gooding Jr., Lochlyn Munro, Richard Gant**

Country: **USA**

Release date: **2007**

My rate: ☆☆☆☆☆

My review:

„I Now Pronounce You Chuck & Larry"

Director: **Dennis Dugan**

Starring: **Adam Sandler, Kevin James, Jessica Biel**

Country: **USA**

Release date: **2007**

My rate: ☆☆☆☆☆

My review:

„The Love Guru"

Director: **Marco Schnabel**

Starring: **Mike Myers, Jessica Alba, Justin Timberlake**

Country: **USA**

Release date: **2008**

My rate: ☆☆☆☆☆

My review:

„The Hottie and the Nottie"

Director: **Tom Putnam**

Starring: **Paris Hilton, Joel David Moore, Christine Lakin**

Country: **USA**

Release date: **2008**

My rate: ☆☆☆☆☆

My review:

„In the Name of the King"

Director: **Uwe Boll**

Starring: **Jason Statham, Leelee Sobieski, Ron Perlman**

Country: **Germany/ Canada/ USA**

Release date: **2008**

My rate: ☆☆☆☆☆

My review:

"Transformers: Revenge of the Fallen"

Director: **Michael Bay**

Starring: **Shia LaBeouf, Megan Fox, Josh Duhamel**

Country: **USA**

Release date: **2009**

My rate: ★ ★ ★ ★ ☆

My review:

„Old Dogs"

Director: **Walt Becker**

Starring: **John Travolta, Robin Williams, Kelly Preston**

Country: **USA**

Release date: **2009**

My rate: ☆ ☆ ☆ ☆ ☆

My review:

„All About Steve"

Director: **Phil Traill**

Starring: **Sandra Bullock, Thomas Haden Church, Bradley Cooper**

Country: **USA**

Release date: **2009**

My rate: ★☆☆☆☆

My review:

„The Last Airbender"

Director: M. Night Shyamalan

Starring: Noah Ringer, Dev Patel, Nicola Peltz

Country: USA

Release date: 2010

My rate: ☆☆☆☆☆

My review:

„Sex and the City 2"

Director: Michael Patrick King

Starring: Sarah Jessica Parker, Kim Cattrall, Kristin Davis

Country: USA

Release date: 2010

My rate: ☆☆☆☆☆

My review:

„Vampires Suck"

Director: Jason Friedberg, Aaron Seltzer

Starring: Jenn Proske, Matt Lanter, Chris Riggi

Country: USA

Release date: 2010

My rate: ☆☆☆☆☆

My review:

„Jack and Jill"

Director: **Dennis Dugan**

Starring: **Adam Sandler, Katie Holmes, Al Pacino**

Country: **USA**

Release date: **2011**

My rate: ★★★★☆

My review:

„Bucky Larson: Born to Be a Star"

Director: **Tom Brady**

Starring: **Nick Swardson, Christina Ricci, Stephen Dorff**

Country: **USA**

Release date: **2011**

My rate: ★ ☆ ☆ ☆ ☆

My review:

„New Year's Eve"

Director: **Garry Marshall**

Starring: **Halle Berry, Jessica Biel, Jon Bon Jovi**

Country: **USA**

Release date: **2011**

My rate: ☆☆☆☆☆

My review:

„The Twilight Saga: Breaking Dawn — Part 2"

Director: **Bill Condon**

Starring: **Kristen Stewart, Robert Pattinson, Taylor Lautner**

Country: **USA**

Release date: **2012**

My rate: ☆☆☆☆☆

My review:

„A Thousand Words"

Director: **Brian Robbins**

Starring: **Eddie Murphy, Kerry Washington, Cliff Curtis**

Country: **USA**

Release date: **2012**

My rate: ☆ ☆ ☆ ☆ ☆

My review:

„That's My Boy"

Director: **Sean Anders**

Starring: **Adam Sandler, Andy Samberg, Leighton Meester**

Country: **USA**

Release date: **2012**

My rate: ☆☆☆☆☆

My review:

„Battleship"

Director: **Peter Berg**

Starring: **Taylor Kitsch, Alexander Skarsgard, Rihanna**

Country: **USA**

Release date: **2012**

My rate: ☆☆☆☆☆

My review:

„After Earth"

Director: M. Night Shyamalan

Starring: Jaden Smith, Will Smith

Country: USA

Release date: 2013

My rate: ☆ ☆ ☆ ☆ ☆

My review:

„Grown Ups 2"

Director: **Dennis Dugan**

Starring: **Adam Sandler, Kevin James, Chris Rock**

Country: **USA**

Release date: **2013**

My rate: ★☆☆☆☆

My review:

„The Lone Ranger"

Director: **Gore Verbinski**

Starring: **Johnny Depp, Armie Hammer, Tom Wilkinson**

Country: **USA**

Release date: **2013**

My rate: ☆☆☆☆☆

My review:

„A Madea Christmas"

Director: **Tyler Perry**

Starring: **Tyler Perry, Kathy Najimy, Chad Michael Murray**

Country: **USA**

Release date: **2013**

My rate: ☆☆☆☆☆

My review:

„Saving Christmas"

Director: **Darren Doane**

Starring: **Kirk Cameron, Darren Doane, Bridgette Ridenour**

Country: **USA**

Release date: **2014**

My rate: ☆☆☆☆☆

My review:

„Left Behind"

Director: **Vic Armstrong**

Starring: **Nicolas Cage, Chad Michael Murray, Cassi Thomson**

Country: **USA**

Release date: **2014**

My rate: ★☆☆☆☆

My review:

„Teenage Mutant Ninja Turtles"

Director: Jonathan Liebesman

Starring: Megan Fox, Will Arnett, William Fichtner

Country: USA

Release date: 2014

My rate: ☆ ☆ ☆ ☆ ☆

My review:

„The Legend of Hercules"

Director: **Renny Harlin**

Starring: **Kellan Lutz, Scott Adkins, Liam McIntyre**

Country: **USA**

Release date: **2014**

My rate: ★☆☆☆☆

My review:

„Fantastic Four"

Director: **Josh Trank**

Starring: **Miles Teller, Michael B. Jordan, Kate Mara**

Country: **USA**

Release date: **2015**

My rate: ☆☆☆☆☆

My review:

„Fifty Shades of Grey"

Director: **Sam Taylor-Johnson**

Starring: **Dakota Johnson, Jamie Dornan, Jennifer Ehle**

Country: **USA**

Release date: **2015**

My rate: ☆ ☆ ☆ ☆ ☆

My review:

„Paul Blart: Mall Cop 2"

Director: **Andy Fickman**

Starring: **Kevin James, Raini Rodriguez, Neal McDonough**

Country: **USA**

Release date: **2015**

My rate: ☆☆☆☆☆

My review:

„Jupiter Ascending"

Director: **The Wachowskis**

Starring: **Mila Kunis, Channing Tatum, Sean Bean**

Country: **USA/ Australia**

Release date: **2015**

My rate: ☆☆☆☆☆

My review:

„Hillary's America: The Secret History of the Democratic Party"

Director: **Dinesh D'SouzaBruce Schooley**

Starring: **Dinesh D'Souza**

Country: **USA**

Release date: **2016**

My rate: ☆☆☆☆☆

My review:

„Dirty Grandpa"

Director: **Dan Mazer**

Starring: **Robert De Niro, Zac Efron, Aubrey Plaza**

Country: **USA**

Release date: **2016**

My rate: ★★★★☆

My review:

„Gods of Egypt"

Director: Alex Proyas

Starring: Nikolaj Coster-Waldau, Brenton Thwaites, Chadwick Boseman

Country: USA/ Australia

Release date: 2016

My rate: ☆☆☆☆☆

My review:

„Zoolander 2"

Director: **Ben Stiller**

Starring: **Ben Stiller, Owen Wilson, Will Ferrell**

Country: **USA**

Release date: **2016**

My rate: ☆☆☆☆☆

My review:

„The Emoji Movie"

Director: **Tony Leondis**

Starring: **T.J. Miller, James Corden, Anna Faris**

Country: **USA**

Release date: **2017**

My rate: ☆☆☆☆☆

My review:

„Baywatch"

Director: **Seth Gordon**

Starring: **Dwayne Johnson, Zac Efron, Alexandra Daddario**

Country: **USA**

Release date: **2017**

My rate: ☆ ☆ ☆ ☆ ☆

My review:

„The Mummy"

Director: **Alex Kurtzman**

Starring: **Tom Cruise, Annabelle Wallis, Sofia Boutella, Jake Johnson**

Country: **USA**

Release date: **2017**

My rate: ☆ ☆ ☆ ☆ ☆

My review:

„Holmes & Watson"

Director: **Etan Cohen**

Starring: **Will Ferrell, John C. Reilly, Rebecca Hall**

Country: **USA/ Canada**

Release date: **2018**

My rate: ☆☆☆☆☆

My review:

„Gotti"

Director: Kevin Connolly

Starring: John Travolta, Spencer Lofranco, Pruitt Taylor Vince

Country: USA

Release date: 2018

My rate: ☆☆☆☆☆

My review:

„The Happytime Murders"

Director: Brian Henson

Starring: Melissa McCarthy, Bill Barretta, Joel McHale

Country: USA

Release date: 2018

My rate: ☆☆☆☆☆

My review:

„Winchester"

Director: **The Spierig Brothers**

Starring: **Helen Mirren, Jason Clarke, Sarah Snook**

Country: **Australia/ USA**

Release date: **2018**

My rate: ☆☆☆☆☆

My review:

„Cats"

Director: **Tom Hooper**

Starring: **James Corden, Judi Dench, Jason Derulo**

Country: **United Kingdom/ USA**

Release date: **2019**

My rate: ☆☆☆☆☆

My review:

„The Fanatic"

Director: **Fred Durst**

Starring: **John Travolta, Devon Sawa, Ana Golja**

Country: **USA**

Release date: **2019**

My rate: ☆ ☆ ☆ ☆ ☆

My review:

„A Madea Family Funeral"

Director: Tyler Perry

Starring: Cassi Davis, Patrice Lovely, Tyler Perry

Country: USA

Release date: 2019

My rate: ☆☆☆☆☆

My review:

„Rambo: Last Blood"

Director: **Adrian Grünberg**

Starring: **Sylvester Stallone, Paz Vega, Sergio Peris-Mencheta**

Country: **USA**

Release date: **2019**

My rate: ☆☆☆☆☆

My review:

„Absolute Proof"

Director: **Mike Lindell**

Starring: **Mike Lindell, Brannon Howse, Mary Fanning**

Country: **USA**

Release date: **2021**

My rate: ☆☆☆☆☆

My review:

„Dolittle"

Director: **Stephen Gaghan**

Starring: **Robert Downey Jr., Antonio Banderas, Michael Sheen**

Country: **USA**

Release date: **2020**

My rate: ☆☆☆☆☆

My review:

„Fantasy Island"

Director: Jeff Wadlow

Starring: Michael Peña, Maggie Q, Lucy Hale

Country: USA

Release date: 2020

My rate: ☆☆☆☆☆

My review:

„Music"

Director: **Sia**

Starring: **Kate Hudson, Leslie Odom Jr., Maddie Ziegler**

Country: **USA**

Release date: **2021**

My rate: ☆ ☆ ☆ ☆ ☆

My review:

Director: _____

Starring: _____

Country: _____

Release date: _____

My rate: ☆☆☆☆☆

My review:

_____

Director: _____

Starring: _____

Country: _____

Release date: _____

My rate: ☆ ☆ ☆ ☆ ☆

My review:
_____
_____
_____
_____
_____
_____
_____
_____
_____
_____
_____
_____
_____
_____
_____
_____
_____
_____

Director: _____

Starring: _____

Country: _____

Release date: _____

My rate: ☆ ☆ ☆ ☆ ☆

My review:

Director: _____

Starring: _____

Country: _____

Release date: _____

My rate: ☆ ☆ ☆ ☆ ☆

My review:
_____
_____
_____
_____
_____
_____
_____
_____
_____
_____
_____
_____
_____
_____
_____
_____

_____

Director: _____

Starring: _____

Country: _____

Release date: _____

My rate: ☆ ☆ ☆ ☆ ☆

My review:

Director: _____

Starring: _____

Country: _____

Release date: _____

My rate: ☆ ☆ ☆ ☆ ☆

My review: